www.ingramcontent.com/pod-product-compliance
Lightning Source LLC
Chambersburg PA
CBHW070152080526
44586CB00015B/1954
* 9 7 8 1 9 8 7 8 6 9 5 1 4 *